MINISTÈRE DE LA GUERRE

INSTRUCTION

DU 21 MARS 1898

POUR

L'APPLICATION DU RÈGLEMENT DU 16 JUIN 1897

AUX

PERSONNELS DU CADRE AUXILIAIRE

DU SERVICE DE L'INTENDANCE

(Extrait du *Journal militaire*, 1er semestre 1898, n° 9.)

PARIS

LIBRAIRIE MILITAIRE DE L. BAUDOIN

IMPRIMEUR-ÉDITEUR

30, Rue et Passage Dauphine, 30

1898

INSTRUCTION

DU 21 MARS 1898

POUR

L'APPLICATION DU RÈGLEMENT DU 16 JUIN 1897

AUX

PERSONNELS DU CADRE AUXILIAIRE

DU SERVICE DE L'INTENDANCE

(Extrait du *Journal militaire*, 1er semestre 1898, n° 9.)

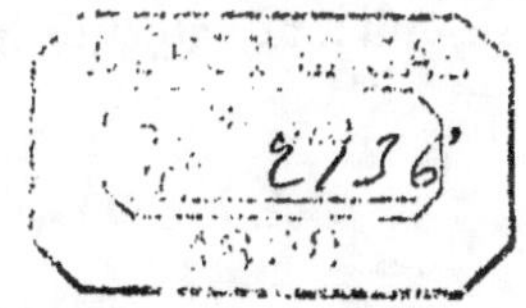

PARIS

LIBRAIRIE MILITAIRE DE L. BAUDOIN

IMPRIMEUR-ÉDITEUR

30, Rue et Passage Dauphine, 30

1898

INSTRUCTION

DU 21 MARS 1898

POUR

L'APPLICATION DU RÈGLEMENT DU 16 JUIN 1897

AUX

PERSONNELS DU CADRE AUXILIAIRE

DU SERVICE DE L'INTENDANCE

Dispositions générales.

Art. 1er. Le règlement ministériel du 16 juin 1897 sur le recrutement, la répartition, l'instruction, l'administration et l'inspection des officiers de réserve et des officiers de l'armée territoriale s'applique aux personnels du cadre auxiliaire du service de l'intendance, en tout ce qui n'est pas contraire aux dispositions particulières qui font l'objet de la présente instruction.

TITRE PREMIER.

EFFECTIFS.

Art. 2. Les effectifs du cadre auxiliaire du service de l'intendance (réserve et armée territoriale) sont fixés comme il suit :

a) Fonctionnaires et attachés.

Sous-intendants de 1re classe...........	(Illimité).
— de 2e classe...........	(Illimité).
— de 3e classe...........	100
Adjoints à l'intendance................	140
Attachés de 1re classe à l'intendance.....	70
— 2e classe —	(Fixé par le Ministre suivant les besoins).

b) **Officiers d'administration.**

	BUREAUX de l'intendance.	SUBSISTANCES militaires.	HABILLEMENT et campement.
Officiers d'administration principaux	20	18	4
— de 1re classe	40	35	8
— de 2e classe	40	35	8
— adjoints de 1re classe	150	120	25
— — de 2e classe	fixé par le Ministre suivant les besoins.		

TITRE II.

RECRUTEMENT.

CHAPITRE Ier.

OFFICIERS ET FONCTIONNAIRES DE L'INTENDANCE.

Art. 3. Les attachés de 2e classe se recrutent, par voie de concours, parmi :

1° Les sous-officiers appartenant à la réserve ou à l'armée territoriale, qui ont accompli deux années de service dans le grade de sous-officier, soit dans l'armée active, soit dans la réserve, soit dans l'armée territoriale ;

2° Les anciens engagés conditionnels d'un an, appartenant à la réserve ou à l'armée territoriale ;

3° Les sous-lieutenants et les officiers d'administration adjoints de 2e classe des trois sections du service de l'intendance et les officiers d'administration adjoints de 2e classe du service des hôpitaux, appartenant à la réserve ou à l'armée territoriale.

Art. 4. Les attachés de 1re classe se recrutent :

1° Par voie d'avancement, parmi les attachés de 2e classe ;

2° Par voie de concours, parmi les lieutenants, les officiers d'administration adjoints de 1re classe des trois sections du service de l'intendance et les officiers d'administration adjoints de 1re classe du service des hôpitaux, appartenant à la réserve ou à l'armée territoriale ;

3° Par voie de nomination, sans examen préalable, parmi les aides-commissaires de la marine ou des colonies, démissionnaires.

Art. 5. Les adjoints à l'intendance se recrutent :

1° Par voie d'avancement, parmi les attachés de 1re classe ;

2° Par voie de concours, parmi les capitaines, les officiers d'administration de 1re ou de 2e classe des trois sections du service de l'intendance et les officiers d'administration de 1re ou de 2e classe du service des hôpitaux, appartenant à la réserve ou à l'armée territoriale;

3° Par voie de nomination sans examen préalable:

a) Parmi les adjoints à l'intendance de l'armée active, démissionnaires, qui peuvent, sur leur demande, être nommés à leur ancien grade;

b) Parmi les sous-commissaires de la marine et des colonies, retraités ou démissionnaires;

c) Parmi les inspecteurs adjoints des forêts, provenant de l'Ecole forestière et ayant accompli, avant leur nomination, un stage non soldé de quinze jours dans la sous-intendance la plus rapprochée de leur résidence, avec l'autorisation du directeur de l'intendance de la région;

d) Parmi les membres du Conseil d'Etat et de la Cour des comptes, ayant au moins la situation de maître des requêtes ou de conseiller référendaire et déjà pourvus du grade de capitaine dans la réserve ou dans l'armée territoriale;

4° Par voie de passage volontaire dans le cadre auxiliaire, au moment où ils quittent l'armée active par retraite, parmi les capitaines, les officiers d'administration de 1re et de 2e classe des trois sections du service de l'intendance et les officiers d'administration de 1re et de 2e classe du service des hôpitaux, qui sont proposés après avoir accompli, avant d'être retraités, un stage de deux mois dans une sous-intendance désignée par le directeur de l'intendance de la région.

Les officiers d'administration des bureaux de l'intendance sont dispensés du stage.

Art. 6. Les sous-intendants militaires se recrutent:

1° Par voie d'avancement, parmi les adjoints à l'intendance;

2° Par voie de concours, parmi les chefs de bataillon ou d'escadrons, les officiers d'administration principaux des trois sections du service de l'intendance et les officiers d'administration principaux du service des hôpitaux, appartenant à la réserve ou à l'armée territoriale;

3° Par voie de nomination sans examen préalable:

a) Parmi les sous-intendants militaires retraités, qui sont nommés au grade dont ils étaient pourvus dans l'armée active;

b) Parmi les sous-intendants militaires de l'armée active, démissionnaires, qui peuvent, sur leur demande, être nommés à leur ancien grade;

c) Parmi les officiers du commissariat de la marine et des colonies, retraités ou démissionnaires, qui sont nommés:

Les commissaires adjoints, au grade de sous-intendant militaire de 3e classe,

Les commissaires, au grade de sous-intendant militaire de 1re classe;

d) Parmi les inspecteurs des forêts, provenant de l'Ecole forestière, qui sont nommés au grade de sous-intendant militaire de 3e classe, après avoir accompli un stage non soldé de quinze jours dans la sous-intendance la plus rapprochée de leur résidence, avec l'autorisation du directeur de l'intendance de la région;

e) Parmi les membres du Conseil d'Etat et de la Cour des comptes, ayant au moins la situation de maître des requêtes ou de conseiller référendaire et déjà pourvus d'un grade d'officier supérieur dans la réserve ou dans l'armée territoriale, qui sont nommés au grade correspondant;

4° Par voie de passage volontaire dans le cadre auxiliaire, au moment où ils quittent l'armée active par retraite, parmi les officiers du grade de chef de bataillon ou d'escadrons et de lieutenant-colonel, les officiers d'administration principaux des trois sections du service de l'intendance et les officiers d'administration principaux du service des hôpitaux, qui sont proposés après avoir accompli, avant d'être retraités, un stage de deux mois dans une sous-intendance désignée par le directeur de l'intendance de la région.

Les officiers d'administration des bureaux de l'intendance sont dispensés du stage.

Art. 7. Les ingénieurs des ponts et chaussées et les ingénieurs des mines peuvent être chargés, en temps de guerre, de fonctions dans le service de l'intendance dans les conditions déterminées par le décret du 12 juillet 1890.

Art. 8. Les demandes d'admission dans le cadre auxiliaire, accompagnées, pour les sous-officiers et les anciens engagés conditionnels, d'un extrait de l'acte de naissance et d'un extrait du casier judiciaire sur papier libre, sont adressées :

1° Au directeur de l'intendance de la région de la résidence :

a) Par les sous-officiers de réserve ou de l'armée territoriale et les anciens engagés conditionnels (intermédiaire : général commandant la subdivision de la résidence);

b) Par les officiers de réserve ou de l'armée territoriale (intermédiaire : chef de corps ou directeur du service d'affectation);

2° Au directeur de l'intendance de la région d'affectation :

c) Par les officiers de l'armée active en instance de retraite ou démissionnaires (intermédiaire : chef de corps ou de service);

3° Au Ministre de la guerre (5e direction) :

d) Par les officiers du commissariat de la marine et des colonies, retraités ou démissionnaires (intermédiaire : Ministre de la marine ou des colonies);

e) Par les officiers du corps des chasseurs forestiers (intermédiaire : Ministre de l'agriculture).

Les demandes des candidats de ces deux dernières catégories

doivent être accompagnées d'un extrait de l'acte de naissance sur papier libre et d'une copie certifiée de l'état des services. Les agents des forêts produisent, en outre, un certificat délivré par le directeur de l'intendance qui a autorisé l'accomplissement du stage préalable et constatant les résultats de ce stage.

Art. 9. Les demandes des officiers en instance de retraite ou démissionnaires et des officiers de réserve ou de l'armée territoriale dispensés d'un examen préalable sont adressées, à toute époque de l'année, au Ministre (5e Direction), par la voie hiérarchique, avec des mémoires de proposition (modèle A annexé au règlement du 16 juin 1897).

Les candidats soumis aux épreuves du concours doivent se mettre en instance auprès du directeur de l'intendance de la région de leur résidence, avant le 1er mars, terme de rigueur ; la candidature de ceux qui sont déjà pourvus d'un grade d'officier dans la réserve ou dans l'armée territoriale (à l'exclusion de ceux qui appartiennent aux services de l'intendance) est soumise, avant le 1er avril, à l'acceptation du Ministre de la guerre (5e Direction).

Le Ministre est consulté également, en temps utile, sur la suite à donner aux demandes faites, en vue d'accomplir un stage de deux mois dans une sous-intendance, par les officiers de l'armée active, visés aux articles 5 et 6 (§ 4), sauf en ce qui concerne les officiers d'administration des subsistances et de l'habillement.

Art. 10. Les épreuves du concours ont lieu à Paris, à Lyon et au chef-lieu de chaque région de corps d'armée ou division en Algérie et en Tunisie, le 1er juillet (le 2, si le 1er est un dimanche). Les connaissances exigées des candidats sont indiquées au programme n° 1, ci-annexé.

Les candidats admis à concourir reçoivent des ordres de convocation, établis par le directeur de l'intendance, qui servent de feuille de route pour l'obtention du tarif militaire sur les chemins de fer, mais n'ouvrent aucun droit à une solde ou à une indemnité quelconque.

Art. 11. Les examens sont subis devant une commission présidée par le directeur de l'intendance du gouvernement militaire, de la région ou de la division et composée d'un colonel ou lieutenant-colonel et d'un sous-intendant militaire, désignés par le gouverneur militaire ou général commandant le corps d'armée.

Les épreuves comprennent :

1° Deux compositions écrites (une sur chaque partie du programme), dont les sujets sont adressés aux commissions d'examen par le comité technique de l'intendance, dans la deuxième quinzaine du mois de juin ;

2° Un examen oral, portant sur les diverses parties du programme ;

3º Un examen facultatif sur la connaissance de la langue allemande ou de toute autre langue étrangère ;

4º Une épreuve d'équitation.

Pour l'appréciation des candidats, il est attribué des notes distinctes :

1º Aux compositions écrites ;

2º A l'examen oral ;

3º A l'examen d'allemand ;

4º A l'examen d'autres langues ;

5º A l'équitation ;

6º A l'aptitude générale.

L'échelle de notation est la suivante :

Nul.	0.
Très mal.	1, 2.
Mal.	3, 4, 5.
Faible.	6, 7, 8.
Passable.	9, 10, 11.
Assez bien.	12, 13, 14.
Bien.	15, 16, 17.
Très bien.	18, 19.
Parfait.	20.

Le nombre de points, applicable à chaque épreuve, résulte du produit obtenu en multipliant les notes respectivement par les coefficients indiqués ci-après :

Première composition écrite.	10
Deuxième composition écrite.	20
Examen oral.	20
Allemand.	5
Autre langue étrangère.	1
Équitation.	8
Aptitude générale.	10

La possession du diplôme de licencié en droit est comptée pour 50 points, et de docteur en droit pour 75 points. Les candidats qui n'ont pas obtenu la note 9 en équitation et la note moyenne 12 pour l'ensemble des examens, en dehors de la majoration accordée pour la possession des diplômes en droit et non comprises les notes obtenues dans l'examen facultatif sur la connaissance des langues étrangères, sont ajournés.

L'épreuve d'équitation, étant éliminatoire, est subie avant toutes les autres.

Art. 12. Les commissions locales apprécient les résultats de l'examen oral, de l'épreuve d'équitation et l'aptitude physique et morale.

Elles établissent quatre classements distincts :

1º Pour le grade d'attaché de 2e classe ;

2º Pour le grade d'attaché de 1re classe ;

3° Pour le grade d'adjoint à l'intendance ;

4° Pour le grade de sous-intendant de 3° classe.

Dans les quinze jours qui suivent le concours, leur travail est adressé au Ministre (5° Direction), avec un procès-verbal pour chaque grade (modèles nᵒˢ 1 et 2), auquel sont annexées, dans une chemise (modèles nᵒˢ 3 et 4), les pièces des candidats.

Le soin d'apprécier les compositions écrites et les services antérieurs est réservé au comité technique de l'intendance, qui applique le coefficient, réservé à l'aptitude générale, à la moyenne des notes données à l'aptitude physique et morale et aux services antérieurs.

Le comité établit pour chaque grade et soumet au Ministre la liste des candidats par ordre de mérite, d'après le total des points obtenus.

Le Ministre détermine, d'après cette liste, le nombre des candidats définitivement admis et dont la nomination a lieu suivant les besoins. Cette décision est notifiée aux intéressés par l'intermédiaire des présidents des commissions d'examen.

CHAPITRE II.

OFFICIERS D'ADMINISTRATION.

Art. 13. Les officiers d'administration se recrutent :

1° Sans examen préalable :

a) Parmi les officiers d'administration des trois sections du service de l'intendance, retraités, qui sont nommés au grade dont ils étaient pourvus dans l'armée active ;

b) Parmi les officiers d'administration de l'armée active, du même service, démissionnaires, qui peuvent, sur leur demande, être nommés à leur ancien grade ;

c) Parmi les adjudants d'administration du service de l'intendance, libérés du service actif, et parmi les sergents-majors et les sergents des sections de commis et ouvriers militaires d'administration retraités après quinze ans de service ;

2° Après un examen d'aptitude :

d) Parmi les anciens engagés conditionnels d'un an appartenant à la réserve ou à l'armée territoriale ;

e) Parmi les sous-officiers, autres que ceux visés au paragraphe (*c*), appartenant à la réserve ou à l'armée territoriale, provenant ou non des sections d'administration, qui ont accompli deux années de service dans le grade de sous-officier, soit dans l'armée active, soit dans la réserve, soit dans l'armée territoriale ;

f) Parmi les sous-lieutenants et les officiers d'administration adjoints de 2° classe du service des hôpitaux, appartenant à la réserve ou à l'armée territoriale.

Art. 14. Les candidats astreints à l'examen d'aptitude, sauf ceux qui proviennent des sections d'administration, doivent exercer l'une des professions suivantes :

Service des bureaux de l'intendance. — Notaire, avoué, banquier, agent de change, courtier, commissionnaire, agent d'assurances, comptable, caissier et autres professions marquant l'aptitude aux travaux de rédaction et de comptabilité.

Service des subsistances. — Négociant en grains, farines, fourrages, vins, denrées alimentaires, agriculteur, meunier, minotier, boulanger, éleveur ou marchand de bestiaux, mécanicien, constructeur, ajusteur, entrepreneur de transports et autres professions pouvant être utilisées dans le service des subsistances militaires.

Service de l'habillement et du campement. — Manufacturier ou négociant en tissus, vêtements, cuirs, chaussures, équipements de chasse et de voyage, ferblanterie, sellerie et autres professions pouvant être utilisées dans le service de l'habillement, du campement et de l'équipement militaires.

Art. 15. On procède, chaque année, dans les sections de commis et ouvriers militaires d'administration, suivant les prescriptions des titres I et III du règlement ministériel du 16 juin 1897, pour désigner les candidats aptes à l'emploi d'officier d'administration adjoint de 2e classe du cadre auxiliaire.

Art. 16. Les mémoires de proposition (modèle A), établis en faveur des candidats dispensés d'examen, sont adressés hiérarchiquement au Ministre (5e Direction), à toute époque de l'année, par le directeur de l'intendance de qui ils relèvent.

Les demandes des candidats soumis aux épreuves de l'examen sont adressées, avant le 1er mars, terme de rigueur, au directeur de l'intendance de la région de leur résidence, par l'intermédiaire du général commandant la subdivision, en ce qui concerne les sous-officiers et les anciens engagés conditionnels d'un an et par l'intermédiaire du chef de corps ou directeur du service d'affectation, pour les officiers.

Les sous-officiers, autres que ceux visés au paragraphe (c) de l'article 13 et les anciens engagés conditionnels d'un an doivent produire, à l'appui de leur demande, les pièces mentionnées au premier paragraphe de l'article 8 et, pour ceux ne provenant pas des sections d'administration, un certificat de l'autorité civile constatant qu'ils exercent l'une des professions exigées. Les candidats pourvus du grade de sous-lieutenant ou d'officier d'administration adjoint des hôpitaux, produisent seulement le certificat visé ci-dessus, accompagné d'une offre de démission conditionnelle, établie dans la forme prescrite par la note ministérielle du 30 mars 1894.

La candidature de ceux qui sont déjà pourvus d'un grade d'officier dans la réserve ou dans l'armée territoriale est soumise, avant le 1er avril, à l'acceptation du Ministre (5e Direction).

Art. 17. L'aptitude au grade d'officier d'administration adjoint de 2e classe est constatée par une commission composée d'un sous-intendant militaire et de deux officiers d'administration du cadre actif, désignés par le directeur de l'intendance et fonctionnant à la portion centrale de la section.

Les sous-officiers provenant des sections de commis et ouvriers militaires d'administration et non encore pourvus du certificat d'aptitude, subissent les épreuves au moment des périodes de convocation ; les autres sous-officiers, les anciens engagés conditionnels et les officiers de réserve et de l'armée territoriale sont convoqués à l'époque où ont lieu les examens d'aptitude subis par les hommes des sections d'administration, libérables dans l'année, c'est-à-dire dans le mois qui précède la libération de la classe.

Les dispositions du deuxième paragraphe de l'article 10 sont, pour ce qui a trait aux examens d'aptitude, applicables aux candidats au grade d'officier d'administration adjoint de 2e classe.

Art. 18. L'examen porte sur les connaissances indiquées dans le programme n° 2 ci-annexé. Il comprend :

1° Une composition écrite sur la première partie du programme ;

2° Un examen oral portant exclusivement sur la deuxième partie et sur les connaissances afférentes au service dans lequel le candidat désire entrer et en rapport avec sa profession.

Le certificat d'aptitude est délivré par le sous-intendant président de la commission d'examen, et soumis à l'acceptation et au visa du directeur de l'intendance.

Art. 19. Les mémoires de proposition (modèle A) des candidats pourvus du certificat d'aptitude sont établis par le directeur de l'intendance et soumis au général commandant le corps d'armée, qui statue et qui les fait parvenir au Ministre (5e Direction), chaque année, dans les quinze jours qui suivent les examens des hommes de la classe libérable, avec la liste d'aptitude dressée par ordre d'ancienneté de grade et par ordre de préférence pour ceux ayant la même ancienneté.

CHAPITRE III.

ADJUDANTS D'ADMINISTRATION.

Art. 20. Le cadre auxiliaire de l'intendance est complété, en temps de guerre, par des adjudants d'administration de réserve ou de l'armée territoriale, qui se recrutent parmi les hommes des sections de commis et ouvriers militaires d'administration, dans les conditions déterminées aux articles 10 et 11 du règlement ministériel du 16 juin 1897.

Le directeur de l'intendance nomme, dans l'ordre du tableau, aux emplois d'adjudant d'administration du cadre auxiliaire, devenus vacants dans les services dont il a à assurer la mobilisation. Ces nominations ne sont faites qu'à la suite des périodes d'exercices (modèle de la commission n° 6, annexé à l'instruction) (1).

Le directeur de l'intendance tient le contrôle des adjudants d'administration, domiciliés dans la région, et des sergents classés pour cet emploi. Ce contrôle est, dans chaque service, distinct pour la réserve et pour l'armée territoriale; les sous-officiers y sont inscrits par classe de mobilisation.

TITRE III.

AFFECTATION.

Art. 21. Les règles relatives à l'affectation des personnels du cadre auxiliaire sont fixées par le chapitre Ier de l'instruction confidentielle du 6 juillet 1896, relative à la mobilisation des personnels du service de l'intendance militaire.

TITRE IV.

INSTRUCTION.

Art. 22. Les ordres de convocation pour les périodes d'instruction sont adressés par le directeur de l'intendance.

Les agents des forêts pourvus du grade de sous-intendant ou d'adjoint à l'intendance, sont astreints à des périodes d'instruction dans les mêmes conditions que les autres fonctionnaires du cadre auxiliaire ; mais leur convocation ne peut avoir lieu qu'après entente entre les directeurs de l'intendance et les chefs hiérarchiques de ces agents, de manière que l'époque de leur appel puisse se concilier avec les exigences de leur service normal.

Art. 23. Les fonctionnaires, les attachés et les officiers d'administration, affectés à des formations désignées pour prendre part à des manœuvres, sont appelés à suivre ces manœuvres, à moins qu'ils aient déjà été convoqués l'année précédente.

A cet effet, aussitôt que les dispositions ministérielles relatives aux manœuvres annuelles ont été notifiées, le directeur de l'intendance fait connaître au Ministre (5e Direction ; 1er Bureau), dans un état du modèle n° 4 ci-annexé, le montant détaillé des

---

(1) En attendant que ces dispositions puissent recevoir une application complète, il y a lieu de se reporter à la circulaire ministérielle du 11 février 1898.

crédits nécessaires pour permettre de convoquer les fonctionnaires, les attachés et les officiers d'administration placés sous ses ordres.

Les fonctionnaires et les officiers d'administration comptables du cadre auxiliaire, appelés à exercer, à la mobilisation, les fonctions de chef de service dans une sous-intendance ou un établissement du territoire, font leur période d'instruction dans cette sous-intendance ou cet établissement.

Tous les officiers d'administration du cadre auxiliaire, affectés aux stations haltes-repas, sont appelés à l'époque des expériences qui se font dans lesdites stations.

Les fonctionnaires, les attachés et les officiers d'administration, qui ne doivent pas prendre part aux manœuvres, sont convoqués, autant que possible, au chef-lieu du corps d'armée ou de la division et répartis dans les services ou établissements pour y participer à l'exécution générale du service. Ils assistent, en outre, à des séances d'instruction théorique et pratique.

Art. 24. A l'issue des périodes d'instruction, et plus particulièrement en ce qui concerne les personnels qui ont participé aux manœuvres, les directeurs de l'intendance, sans attendre l'établissement des feuilles de notes, signalent au Ministre (5e Direction) les fonctionnaires, les attachés et les officiers d'administration qui, pour un motif quelconque, ne seraient pas en mesure d'être employés utilement dans un service actif. D'une manière générale, ils proposent tout changement d'affectation reconnu nécessaire pour employer chacun, en temps de guerre, suivant ses aptitudes physiques et ses connaissances administratives.

TITRE V.

Art. 25. Le règlement du 7 décembre 1894 est abrogé.

Le Ministre de la guerre,
Signé : Gal BILLOT.

PROGRAMMES

Programme n° 1 des connaissances exigées des candidats à l'admission dans le cadre auxiliaire du service de l'intendance (attachés et fonctionnaires).

PREMIÈRE PARTIE.

DISPOSITIONS GÉNÉRALES APPLICABLES AU TEMPS DE PAIX.

I. — ORGANISATION DE L'ARMÉE.

Loi relative à l'organisation générale de l'armée.
Loi relative à la constitution des cadres et des effectifs de l'armée active et de l'armée territoriale.

II. — ADMINISTRATION DE L'ARMÉE.

Loi sur l'administration de l'armée.

III. — SERVICES GÉNÉRAUX.

Décret portant règlement sur le service dans les places de guerre et les villes ouvertes (chapitres 7, 17, 26, 30, 40 et notions générales).
Décret portant règlement sur le service intérieur des troupes d'infanterie (chapitres 36, 38, 43 à 56, 59, 60 et principes généraux de subordination).

IV. — RECRUTEMENT.

Loi sur le recrutement de l'armée.
Loi relative au rengagement des sous-officiers.
Règlement sur le recrutement, la répartition, l'instruction, l'administration et l'inspection des officiers de réserve et des officiers de l'armée territoriale.

V. — ETAT DES OFFICIERS.

Loi sur l'état des officiers.
Décret portant règlement sur l'état des officiers de réserve et des officiers de l'armée territoriale.

VI. — Pensions militaires.

Loi sur les pensions de l'armée de terre et de l'armée de mer.

Ordonnance rendue en exécution de la loi sur les pensions de l'armée de terre et portant règlement d'administration publique sur les justifications à faire en certains cas, par les militaires, veuves et orphelins, pour établir leurs droits.

Ordonnance relative aux titulaires de pensions militaires résidant en pays étranger.

Loi relative aux pensions à accorder aux militaires blessés et amputés.

Loi tendant à porter la pension de la veuve ou les secours des orphelins d'un militaire ou d'un marin, au tiers, au lieu du quart, du maximum de la pension d'ancienneté, dont le mari ou le père était titulaire.

Loi relative aux pensions de retraite des officiers de l'armée de terre.

Loi sur les soldes et pensions des officiers en réforme.

Loi relative aux pensions des anciens militaires et marins et de leurs veuves.

Instruction relative à la délivrance des congés de réforme.

Instruction générale concernant l'établissement des demandes et propositions de pensions, le service des gratifications de réforme et celui de l'indemnité journalière allouée aux sous-officiers en instance d'emplois civils.

VII. — Service de l'intendance.

Décret portant règlement pour l'exécution de la loi sur l'administration de l'armée, en ce qui concerne le service de l'intendance.

Instruction pour l'application du décret ci-dessus.

Décret et instruction sur l'organisation des sections de commis et ouvriers militaires d'administration.

VIII. — Fonds et comptabilité générale.

Règlement pour servir à l'exécution, en ce qui concerne le département de la guerre, du décret sur la comptabilité publique et nomenclature des pièces à produire aux comptables du Trésor à l'appui des ordonnances et mandats de payement (dispositions principales).

Décret relatif aux adjudications et marchés passés au nom de l'Etat.

Instruction pour les adjudications publiques dans les divers services de l'administration de la guerre, sauf pour les marchés de travaux de constructions militaires.

Loi concernant les droits d'enregistrement.

Décret relatif aux rentes sur l'Etat affectées aux cautionnements des comptables et des entrepreneurs.

Note ministérielle prescrivant la publication de nouvelles instructions sur le mode de résiliation et de restitution des dépôts de garantie et des cautionnements des fournisseurs et entrepreneurs du département de la guerre.

IX. — COMPTABILITÉ EN MATIÈRES.

Décret portant règlement sur la comptabilité des matières appartenant au département de la guerre.

Instruction sur la comptabilité des matières dans les services de l'administration centrale, de l'intendance, de santé, de la remonte générale, de l'hôtel national des Invalides, des Ecoles militaires, des corps de troupe.

X. — SOLDE.

Décret portant règlement sur la solde et les revues.

XI. — ADMINISTRATION INTÉRIEURE DES CORPS DE TROUPE.

Décret portant règlement sur l'administration et la comptabilité des corps de troupe.

XII. — SUBSISTANCES MILITAIRES.

Règlement provisoire sur le service des subsistances militaires.

Cahier des charges annuel pour la fourniture du pain de troupe à la ration et les fourrages.

Décret portant règlement sur le service du chauffage dans les corps de troupe.

XIII. — HABILLEMENT ET CAMPEMENT.

Organisation générale des magasins administratifs.

Cahiers des charges pour la fourniture des draps et celle des toiles.

Cahiers des charges pour les entreprises de confections d'effets.

Décret relatif à la mise à exécution du règlement sur le service de l'habillement dans les corps de troupe.

Règlement sur le service de l'habillement dans les corps de troupe.

Instruction sur la manière de manutentionner et d'entretenir les effets dans les magasins.

XIV. — COUCHAGE DES TROUPES.

Règlement pour l'exécution du service des lits militaires.

XV. — Transports.

Décret portant règlement sur le service des frais de route des militaires isolés.

Règlement sur les transports ordinaires (guerre et marine). Instruction sur les conditions dans lesquelles s'effectue, en temps de paix, le transport sur les voies ferrées du personnel relevant du département de la guerre, des animaux de l'armée, ainsi que des voitures, des bagages et du matériel des corps de troupe.

Traité avec les compagnies de chemins de fer pour l'exécution des transports ordinaires du matériel de la guerre.

Instruction pour l'application du traité pour l'exécution des transports ordinaires du matériel de la guerre.

Règlement sur le service des convois militaires à l'intérieur.

DEUXIÈME PARTIE.

DISPOSITIONS APPLICABLES AU TEMPS DE GUERRE.

I. — Organisation des armées et services généraux.

Décret portant règlement sur le service des armées en campagne.

Règlement sur l'organisation et le fonctionnement du service des étapes aux armées.

Règlement sur les transports stratégiques (guerre et marine).

II. — Réquisitions militaires.

Loi relative aux réquisitions militaires.

Décret portant règlement d'administration publique pour l'exécution de la loi sur les réquisitions militaires.

III. — État civil aux armées.

Instruction pour l'exécution des dispositions du Code civil et de divers décrets et ordonnances applicables aux militaires de toutes armes. (Dispositions générales.)

IV. — Administration des corps de troupe.

Décret sur la comptabilité des corps de troupe en campagne.

V. — Justice militaire.

Code de justice militaire pour l'armée de terre. (Dispositions principales.)

VI. — Subsistances militaires.

Règlement sur le service des subsistances militaires et du chauffage en campagne.

Instruction relative à la désignation, aux attributions et au fonctionnement des officiers d'approvisionnement.

Principales dispositions concernant l'alimentation des troupes en temps de guerre.

Instruction relative à la perception et à la régularisation des prestations en nature aux armées, dans les quartiers généraux ou services d'étapes.

Instruction sur l'alimentation pendant les transports en chemins de fer et sur l'organisation et le fonctionnement des stations haltes-repas.

VII. — HABILLEMENT.

Instruction sur le service de l'habillement dans les corps de troupe, en temps de guerre.

TROISIÈME PARTIE.

TOPOGRAPHIE.

Notions générales élémentaires. Signes conventionnels. Lecture des cartes.

Programme n° 2 des connaissances exigées des candidats à l'admission dans le cadre auxiliaire du service de l'intendance (officiers d'administration).

Pour l'indication des textes de lois, décrets, règlements, instructions à consulter, se reporter au programme des connaissances exigées des candidats à l'admission dans le cadre auxiliaire du service de l'intendance (attachés et fonctionnaires).

PREMIÈRE PARTIE.

CONNAISSANCES COMMUNES A TOUS LES SERVICES.

Principes généraux de l'organisation et de l'administration de l'armée.

Principes généraux de la subordination.

Notions générales sur le service des places et villes de garnison.

Attributions générales des fonctionnaires de l'intendance.

Attributions particulières des officiers d'administration.

Principes généraux de la comptabilité en deniers et en matières.

DEUXIÈME PARTIE.

CONNAISSANCES PARTICULIÈRES A CHAQUE SERVICE.

I. — SERVICE DES BUREAUX DE L'INTENDANCE.

Recrutement. — Loi sur le recrutement de l'armée et loi sur le rengagement des sous-officiers.

Pensions et secours. — Lois, ordonnances et instructions sur les pensions et les secours.

Bureaux de l'intendance. — Instruction sur le classement des affaires et des archives dans le service de l'intendance. Registres à tenir dans une sous-intendance.

Fonds et comptabilité générale. — Décrets et règlements sur la comptabilité publique, sur la comptabilité de la guerre et sur les marchés.

Comptabilité-matières. — Règlement et instruction sur la comptabilité-matières.

Solde. — Règlement sur le service de la solde.

Administration intérieure des corps de troupe. — Décrets sur l'administration intérieure des troupes.

Service de marche et des transports. — Décrets sur les frais de route. Règlement sur les transports militaires et traité pour leur exécution. Règlement sur les convois.

II. — SERVICE DES SUBSISTANCES MILITAIRES.

A. — Connaissances communes à toutes les professions.

Règlement sur le service des subsistances et notices.

Cahiers des charges pour la fourniture du pain de troupe, des fourrages et de la viande.

Règlement sur le service des subsistances en temps de guerre.

Instruction sur les officiers d'approvisionnement.

Instruction sur la régularisation des prestations en nature dans les quartiers généraux.

Instruction sur les stations haltes-repas.

Instruction du 18 mai 1893 sur le fonctionnement du service de transit dans les gares de rassemblement.

B. — Connaissances particulières à chaque profession.

1º *Commerce de la boulangerie.*

Farines. — Caractères distinctifs des farines, selon l'essence. — Caractères basés sur l'état et la qualité. — Aspect, toucher, odeur

2º *Commerce de la boucherie.*

Viande fraîche. — Caractères distinctifs des viandes. — Viandes de bonne ou de mauvaise qualité. — Distribution et conservation.

Salaisons. — Caractères distinctifs. — Porc salé, bœuf salé. — Préparation, conservation, réparation et distribution.

Conserves de viande. — Mode de préparation. — Conserves de viande du commerce. — Conservation et distribution.

Bestiaux sur pied. — Bœufs, vaches et moutons. — Choix et réception des bestiaux. — Appréciation du poids des animaux. — Conformation, état de santé, état d'embonpoint, âge. — Installation des parcs. — Entretien des bestiaux. — Pâturage. — Choix, étendue et aménagement des prairies pour le pâturage. — Garde des bestiaux. — Nourriture à l'étable et au parc. — Animaux malades. — Soins à donner en marche, pendant les transports par voie de fer ou de mer. — Personnel. — Embarquement des bestiaux, leur débarquement. — Abat et dépècement des animaux. — Distributions. — Issues. — Travaux de boucherie en route.

3º *Commerce de la graineterie et des denrées fourragères.*

Blés. — Caractères distinctifs des bons et des mauvais blés. — Structure et composition du blé. — Division générale des blés; leurs caractères distinctifs. — Principes de l'administration pour les achats. — Qualités à exiger suivant les essences et les variétés. — Forme extérieure et éclat, siccité et coulant, homogénéité, état de conservation, poids spécifique, richesse en gluten.

Conservation du blé. — Magasins ordinaires. — Mise en couche et manœuvres de conservation. — Mise en sacs. — Greniers Huart, silos. — Précautions communes aux diverses méthodes d'ensilage. — Destruction des insectes parasites.

Foins, pailles, avoines et orges. — Caractères distinctifs. — Diverses espèces. — Constatation de la qualité. — Altérations diverses.

Mode de conservation des foins et de la paille. — Emmeulage. — Choix des terrains. — Nature et disposition des sous-traits. — Orientation, forme, dimensions, construction et couverture des meules.

Dispositions spéciales aux foins naturels, aux foins artificiels et à la paille.

Mise en consommation des meules.

Pressage des fourrages. — Principales presses en usage. — Emmeulage du foin et de la paille pressée.

4º *Meunerie et minoterie.*

Blés. — Comme pour le commerce de la graineterie.

Farines. — Comme pour le commerce de la boulangerie.

Meunerie et minoterie. — Meules et cylindres. — Epurateurs. — Appareils régulateurs du mouillage. — Bluteurs. — Puissance de production journalière suivant les différentes essences de blé et les appareils employés.

Détails de l'installation d'un moulin.

Proportion du mouillage à admettre selon les essences de blé. — Notions générales sur les conditions d'exécution des moutures militaires. — Taux de blutage admis pour chaque essence.

5° *Mécaniciens.*

Notions générales sur les appareils à vapeur et mécaniques adoptés pour le service des subsistances militaires. — Machines à vapeur. — Moteurs à gaz et à pétrole. — Moulins à vapeur et à eau. — Pétrisseuses mécaniques. — Fours roulants. — Chariots-fournils. — Voitures diverses.

6° *Commerce de l'épicerie, des vins et spiritueux.*

Riz, légumes secs, sel et sucre. — Caractères distinctifs. — Conservation.

Café. — Notions générales. — Caractères distinctifs servant au classement des diverses provenances. — Coloration, odeur, goût des cafés de bonne qualité. — Café sain, café fermenté.

Avarie par eau de mer ou eau douce.

Géographie commerciale du café.

Sophistication, torréfaction, mouture du café.

Emballage et conservation du café vert et du café torréfié.

Vins. — Caractères distinctifs. — Etat naturel, goût, limpidité, force alcoolique du vin. — Description et emploi de l'appareil Houdart. — Altérations. — Falsifications. — Plâtrage du vin. — Conservation, amélioration et réparation.

Locaux, récipients, foudres, futailles. — Soins à donner aux récipients. — Soins à donner au vin. — Rangement des futailles pleines, ouillage, soutirage, soufrage, collage avec les blancs d'œufs ou avec la colle de poisson.

Réparation des vins altérés. — Astringence, acidité, amertume, goût de fût, goût d'évent, graisse des vins, vins tournés ou piqués, vins bleus, goûts de pousse ou d'échauffé, excès ou défaut de couleur.

Distributions et expéditions.

Eaux-de-vie. — Caractères distinctifs. — Couleur, goût et odeur, altération, falsification, degré de force.

Mélanges pour l'abaissement ou le rehaussement du titre. — Coupages, mouillages. — Conservation. — Expéditions.

Considérations générales sur les alcools.

Emploi des fûts métalliques.

7° *Industrie des transports et du camionnage.*

Notions applicables aux transports militaires. — Conditions que doit réunir une voiture suspendue ou non : 1° pour le transport du personnel ; 2° pour le transport des denrées ou du matériel des subsistances.

Bâches propres à garantir les chargements.

Manière de procéder au bâchage d'une voiture.

Objets accessoires que doit contenir le coffre d'une voiture pour son bon fonctionnement et pour parer aux accidents qui peuvent survenir dans le harnachement, ou en cas d'avarie aux timons, aux roues, à l'essieu.

Manière de procéder suivant la nature de l'avarie.

Maximum de chargement des voitures pour la force d'un cheval, de deux chevaux, etc.

Maximum de chargement pour un mulet de bât.

Manière de procéder au chargement rationnel des voitures à deux roues ou à quatre roues, et quand il s'agit spécialement de foin ou de paille.

Moyens d'arrimage. — Engerbement du matériel.

Manière d'opérer le déchargement.

Précautions à prendre dans les montées, dans les descentes. — Opérations du harnachement d'un cheval. — Décomposition des pièces du harnachement. — Choix du limonier. — Divers modes d'attelage.

Fonctionnement de la chambrière, du frein.

Notions sur les réquisitions militaires. — Loi sur les réquisitions et décret portant applications de cette loi. — Dispositions générales et dispositions spéciales à la réquisition des chevaux, des mulets et des voitures. — Mode de réquisition. — Formalités à remplir. — Règlement des indemnités et des dommages causés ou avaries survenues.

8° *Comptables.*

Les comptables sont interrogés sur les matières correspondant à la branche d'industrie ou de commerce dans laquelle ils sont employés et non pas sur la comptabilité industrielle ou commerciale.

III. — SERVICE DE L'HABILLEMENT ET DU CAMPEMENT.

A. — Connaissances communes à toutes les professions.

Organisation générale des magasins administratifs. Cahiers des charges pour la fourniture des draps, des toiles, et pour les entreprises de confection et de fournitures d'effets du service de l'habillement.

Décret et instruction sur le service de l'habillement dans les corps de troupe. Manière de manutentionner et d'entretenir les effets en magasin.

Instruction sur le service de l'habillement à la mobilisation.

Instruction sur le fonctionnement du service de transit dans les gares de rassemblement.

B. — Connaissances particulières à chaque profession.

1° *Industrie et commerce des draps.*

Laines. — Caractères de la laine. — Provenances. — Laines mères, tendres, artificielles. — Défilochage. — Déchets. — Désuintage en fabrique. — Conservation en magasin.

Notions générales sur la fabrication des draps. — Matières employées. — Appareils divers. — Opérations principales.

Généralités sur les apprêts. — Opérations principales.

Notions générales sur la fabrication du molleton, de la flanelle, des couvertures de campement. — Matières employées. — Appareils divers. — Opérations principales.

Réception et vérification des étoffes de laine. — Mode de fourniture. — Conditions imposées aux fabricants. — Surveillance des usines. — Décatissage en magasin.

Métrage, pesage, épreuves dynamométriques. — Epreuve des couleurs à l'aide des procédés chimiques. — Signes distinctifs d'une bonne fabrication. — Défauts réparables et irréparables. — Evaluation des tares. — Commissions de vérification.

2° *Industrie et commerce des toiles.*

Notions générales sur la fabrication et le blanchiment des toiles. — Matières employées. — Appareils divers. — Opérations principales.

Réception et vérification des tissus. — Toiles employées dans l'administration militaire. — Conditions imposées aux fabricants. — Mode de livraison. — Surveillance des usines. — Epreuves concernant l'épuration des tissus. — Epreuves applicables aux tissus de coton.

Décatissage des toiles de lin et de chanvre.

Essais dynamométriques. — Emploi du compte-fils. — Signes distinctifs d'une bonne fabrication. — Défauts réparables et irréparables. — Evaluation des tares. — Conservation des toiles en magasin. — Toiles d'emballage. — Conditions de bonne qualité.

3° *Industrie des cuirs, chaussures et effets d'équipement.*

Tannage et matières tannantes. — But du tannage. — Substances tannantes. — Leur mode d'emploi.

Fabrication des cuirs. — Matières employées. — Appareils divers. — Opérations principales.

Notions générales sur la confection des chaussures. — Procédés de fabrication en usage. — Enumération des pièces qui composent les chaussures militaires. — Pointures.

Vérification des pièces détachées de chaussures. — Vérification des pièces avant confection. — Empeignes. — Quartiers. — Bandes de quartiers. — Semelles premières et semelles secondes. — Bons bouts. — Trépointes. — Contreforts. — Cambrures et cambrillons. — Fers à cheval. — Sous-bouts. — Défauts réparables et irréparables. — Cuir vert, cornard, creux, etc.

Vérification des chaussures terminées. — Emploi de la tige. — Défauts réparables et irréparables. — Mode de fourniture de chaussures. — Conditions imposées aux fabricants. — Surveillance des usines. — Mode d'entretien des chaussures en magasin.

Confection, vérification, réception, etc., des effets en cuir de grand équipement.

Notions sommaires. — Choix et emploi des matières. — Coupe et confection des principaux effets. — Epreuves permettant de s'assurer de la bonne confection.

4° Industrie des métaux et des bois.

Notions générales sur les outils et métaux employés dans le service de l'habillement et du campement. — Nomenclature et description des outils. — Propriétés chimiques et physiques des métaux. — Leur mode d'extraction. — Conditions dans lesquelles on les rencontre dans le commerce.

Application des métaux à la fabrication du matériel. — Fabrication des ustensiles de campement. — Marmites. — Gamelles. — Bidons. — Moulins à café. — Découpage. — Emboutissage. — Agrafage. — Etamage. — Soudures.

Fabrication des accessoires en cuivre de coiffure et de grand équipement. — Plaques. — Agrafes. — Boucles. — Grenades. — Crochets, etc. — Fabrication des casques.

Outils de campement. — Pelles, pioches, haches, serpes, masses, etc.

Bois. — Généralités sur les bois. — Chêne, frêne, orme, châtaignier, noyer, hêtre, olivier d'Europe, peuplier, aulne, bouleau, tilleul, acacia, charme, platane, pin, sapin.

Propriétés. — Caractères distinctifs. — Indices de la qualité des bois. — Défauts des bois. — Leur préservation. — Confection des objets du service de campement.

5° Comptables.

Les comptables sont interrogés sur les matières correspondant à la branche d'industrie ou de commerce dans laquelle ils sont employés et non pas sur la comptabilité industrielle ou commerciale.

Il est établi un procès-verbal distinct pour chaque grade.

PROCÈS - VERBAL

Constatant le résultat des épreuves subies par les candidats au grade d   du cadre auxiliaire.

L'an   , le   juillet

Vu les instructions en vigueur et notamment l'article 10 de l'instruction ministérielle du 21 mars 1898 ;

Vu la dépêche en date du   juin   de M. le Président du comité technique de l'intendance, portant envoi des plis cachetés pour le concours du   juillet   et faisant connaître qu'il est accordé un délai de   heures aux candidats pour chacune des compositions écrites ;

La commission locale, instituée pour procéder à l'examen des candidats au grade d   du cadre auxiliaire et composée de :

MM.   , *président,*

                                       } *membres,*

s'est réunie pour faire subir les épreuves écrites.

Les candidats autorisés à concourir et qui ont été régulièrement convoqués sont :

MM. (nom, prénoms, situation militaire, profession avec indication si le candidat représente ou non une maison étrangère, diplôme en droit, s'il y a lieu, adresse).

Le président, après avoir ouvert la séance, a donné communication aux membres de la commission des dispositions de l'instruction en date du 21 mars 1898, relatives à la manière de procéder des commissions locales chargées d'examiner les candidats ; il a ensuite proposé l'ordre ci-après pour les opérations de la commission :

Cette proposition est adoptée.

L'état ci-joint indique la notation faite par la commission en ce qui concerne les épreuves qu'elle a eu à apprécier.

Les dossiers des candidats sont ci-joints.

De tout quoi, le présent procès-verbal a été dressé et signé par le président et les membres de la commission.

Fait à   , les jour, mois et an que d'autre part.

Modèle N° 2.

Il est établi un état distinct pour chaque grade.

ÉTAT, par ordre alphabétique, des candidats à l'admission dans le cadre auxiliaire de l'intendance, ayant pris part, en 189 , au concours pour le grade d

NOM ET PRÉNOMS DES CANDIDATS.	PROFESSION.	SITUATION MILITAIRE.	DIPLÔME EN DROIT.	NOTES OBTENUES.				PRODUIT DES NOTES par les coefficients.			POINTS A AJOUTER pour les langues étrangères autres que l'allemand.	POINTS A AJOUTER pour le diplôme en droit.	TOTAL DE POINTS OBTENUS, moins ceux donnés à l'aptitude physique et morale.	OBSERVATIONS.
				Épreuve d'équitation.	Examen oral.	Examen d'allemand.	Aptitude physique et morale.	Épreuve d'équitation.	Examen oral.	Examen d'allemand.				

MM.

n'ayant pas obtenu la note 9 à l'épreuve d'équitation, n'ont pas pris part aux autres épreuves.

A , le 189 .

Les Membres de la Commission,   *Le Président de la Commission,*

Spécial aux sous-officiers et anciens engagés conditionels d'un an candidats à l'admission dans le cadre auxiliaire de l'intendance.

DOSSIER

de M. (nom, prénoms, profession, corps d'origine),
domicilié à   , canton d   , département
d   , candidat au grade d'attaché de 2e classe à l'intendance militaire.

SOMMAIRE.

Mémoire de proposition modèle A du règlement du 16 juin 1897 ;
Demande de l'intéressé ;
Extrait de l'acte de naissance ;
Extrait du casier judiciaire ;
Copie certifiée conforme du diplôme de   en droit ou du certificat qui en tient lieu (s'il y a lieu) ;
Certificat constatant l'aptitude en équitation ;
Première composition écrite par le candidat ;
Deuxième composition écrite par le candidat.

Spécial aux officiers candidats à l'admission dans le cadre auxiliaire de l'intendance.

DOSSIER

de M. (nom, prénoms, profession, grade, corps d'origine),
domicilié à   , canton d   , département
d   , candidat au grade d
dans le cadre auxiliaire de l'intendance.

SOMMAIRE.

Mémoire de proposition modèle A du règlement du 16 juin 1897 ;
Demande de l'intéressé ;
Copie certifiée conforme du diplôme de   en droit ou du certificat en tenant lieu (s'il y a lieu) ;
Certificat constatant l'aptitude en équitation ;
Première composition écrite par le candidat ;
Deuxième composition écrite par le candidat.

Modèle N° 5.   ᵉ CORPS D'ARMÉE.

Cadre auxiliaire du Service de l'Intendance.

État indiquant le montant détaillé des crédits nécessaires pour la convocation, en 189 , des fonctionnaires, des attachés et des officiers d'administration, appartenant à la ᵉ région.

GRADES.	DÉSIGNATION numérique du personnel susceptible d'être convoqué.		Solde par jour.	Indemnité de résidence.	Indemnité de monture.	Indemnité aux troupes en marche.	Indemnité de frais de bureau.	TOTAL par jour.		TOTAL pour la durée de la période d'instruction.		TOTAL général pour la réserve et pour l'armée territoriale.
	Réserve.	Armée territoriale.						Réserve.	Armée territoriale.	R.	A. T.	
I. — Manœuvres.												
S.-intendant de 1ʳᵉ cl.												
— de 2ᵉ cl.												
— de 3ᵉ cl.												
Adjoint à l'intendance.												
Attaché de 1ʳᵉ classe..												
— de 2ᵉ classe..												
											TOTAL	
Off. d'adm. principal..												
— de 1ʳᵉ cl...												
— de 2ᵉ cl...												
— adj. 1ʳᵉ cl.												
— adj. 2ᵉ cl.												
											TOTAL	
II. — Convocations normales.												
S.-intendant de 1ʳᵉ cl.												
— de 2ᵉ cl.												
— de 3ᵉ cl.												
Adjoint à l'intendance.												
Attaché de 1ʳᵉ classe.												
— de 2ᵉ classe..												
											TOTAL	
Off. d'adm. principal..												
— de 1ʳᵉ cl..												
— de 2ᵉ cl...												
— adj. 1ʳᵉ cl.												
— adj. 2ᵉ cl..												
											TOTAL	

Modèle N° 6.

—

° CORPS D'ARMÉE.

—

(1)

COMMISSION

d'adjudant d'administration du cadre auxiliaire
dans le service (2)

En vertu des ordres du Ministre de la guerre, l'intendant (3)   , directeur du service de l'intendance d (4)   , commissionne, comme faisant fonctions d'adjudant d'administration du cadre auxiliaire pour le service de (2)   le sieur (5)

(6)   à la   ᵉ section (7)   de commis et ouvriers militaires d'administration, domicilié à   , canton d   , département d   , classé n°   au répertoire.

Au jour de la mobilisation fixé par l'ordre de route inscrit à son livret, l'intéressé se rendra au lieu qui lui est prescrit, où il recevra une lettre de service lui faisant connaître son emploi.

A   , le   189 .

L'Intendant (3)
directeur du service de l'intendance,

PARIS. — IMPRIMERIE L. BAUDOIN, 2, RUE CHRISTINE.